Fy Bindi

I fy mam, Raji, sy'n gwisgo bindi bob dydd, hyd yn oed pan fydd hi'n cysgu. — G.V.

I Inji, sydd bob tro'n gwbl hapus yn bod yn hi ei hun. — A.S.

Fy Bindi

Addasiad gan Anwen Pierce.

Cyhoeddwyd yn wreiddiol gan Orchard Books, 2022 dan y teitl *My Bindi.*

Mae cofnod catalog CIP ar gyfer y llyfr hwn ar gael o'r Llyfrgell Brydeinig.

ISBN 9781802587104

Argraffwyd yn Tsieina

Ariennir gan
Lywodraeth Cymru
Funded by
Welsh Government

Fy Bindi

Ysgrifennwyd gan **Gita Varadarajan**
Darluniwyd gan **Archana Sreenivasan**

GRAFFEG bach

Mae fy mam, fy amma, yn rhoi smotyn mawr coch ar ei thalcen.
Mae'n gwisgo bindi bob dydd ...
hyd yn oed pan fydd hi'n cysgu.

Mae Amma yn dweud y dylwn i wisgo bindi
hefyd, ond mae ofn arna i –
y bydd Sam yn gwneud hwyl ar fy mhen,
y bydd Sally yn ei dynnu oddi ar fy nhalcen,
y bydd Sania yn dweud, "Ti'n od,"
er bod Sania yn Indiaidd hefyd.

"Ond dyma ein diwylliant ni," meddai Amma.
"Mae'n rhywbeth i fod yn falch ohono,"
mae Dad yn fy atgoffa.
"Rwyt ti'n edrych mor hardd wrth wisgo dy bindi!"

"Ond Amma, pam wyt ti'n gwisgo bindi?" gofynnaf.
Mae Amma yn meddwl am funud.
Yn ei llygaid gwelaf fflam cannwyll yn goleuo.
Yna mae'n cyffwrdd â'i bindi ac yn dweud,
"Hindŵiaid ydyn ni, a dyna mae
merched Hindŵ yn ei wneud.
Trydydd llygad yw'r bindi, rhwng
y ddau arall. Mae'n edrych y tu mewn
i ti ac mae'n dy gadw'n ddiogel."

Dwi'n meddwl yn hir am ystyr ei geiriau.
"Byddi di'n teimlo'r peth," meddai Amma, "pan wisgi di'r bindi."

Y noson honno dwi'n troi a throsi, gan freuddwydio am y smotyn mawr coch ar dalcen Amma.

Y bore wedyn, wrth roi fy ngwisg ysgol
amdana i, daw Amma ata i a blwch yn ei llaw.
Daw gwên i'w hwyneb.
Mae'n dweud, "Divya, fy mhwten,
mae'r amser wedi dod. Dewisa un."

Dwi'n llyncu'n galed ac yn edrych i mewn i flwch bindis hyfryd Amma. Dwi'n gweld galaeth ohonyn nhw – fel miliwn o sêr yn yr awyr.

Mae rhai fel diferion glaw sy'n disgleirio yng ngolau'r bore.
Mae rhai fel hanner lleuad yn pefrio.
Mae rhai yn troelli mewn cylchoedd.
Mae rhai yn tywynnu fel sêr yn yr awyr dywyll.
Edrychaf drwyddyn nhw i gyd, pob un yn hardd yn ei ffordd ei hun.

Yna dwi'n ei weld!
Yr un perffaith,
yn haul tanbaid,
un crwn oren, llachar,
un â charreg yn ei ganol.

"Dyma'r un," dywedaf yn nerfus, a'i estyn at Amma.
Mae ei breichledau'n tincial wrth iddi godi fy mhen
ac edrych ar y bwlch rhwng fy aeliau.
Mae'n gwasgu'r bindi yn dyner ar fy nhalcen.

Mae fy nhalcen yn teimlo'n drwm,
a'm calon yn teimlo'n llawn.
Mae'n curo mor galed, gallai ffrwydro.

"Nawr, edrych," mae Amma'n dweud.

Yno, yn y drych,
gwelaf seren ddisglair.
Cannwyll llygad Mam.
Balchder Dad.
Yna dwi'n gweld rhywbeth arall.
Mae hi'n wahanol i'r gweddill,
ddim cweit fel unrhyw un arall,
gyda smotyn sgleiniog
ar ei thalcen.
Dwi'n gweld fi fy hun.

Oes ofn arna i
neu ydw i'n falch?
Dwi'n gymysg i gyd
yn fy mhen.

Cerddaf i mewn i'r ysgol, fel dwi'n arfer ei wneud, ond dwi'n nerfus. Mae heddiw'n wahanol iawn i bob diwrnod arall.

"Beth yw hwnna?" mae Sam yn gofyn yn chwilfrydig, gan bwyntio at fy nhalcen.

"Mae hwnna'n cŵl!" meddai Sally wrth ddod yn agosach er mwyn gweld.
Mae llygaid Sania'n fawr gan syndod ...
"Bindi yw e," meddai'n uchel.
Mewn dim, mae pawb am ei weld!

"Beth yw'r twrw 'ma?"
gofynna Mrs Gonzalez, gan guro'i dwylo.

"Edrychwch ar dalcen Divya!"

Mae Mrs Gonzalez yn edrych.

Mae fy nghalon yn neidio.
Tybed beth fydd hi'n ei ddweud?

Yna dwi'n clywed llais, un meddal fel ton dawel ar draeth. "Divya," meddai Mrs Gonzalez, "hoffet ti ddod i flaen y dosbarth a dweud wrth bawb am beth wyt ti'n ei wisgo?"

Dwi'n cerdded i'r blaen.
Mae fy ngwefus yn crynu, fy ysgwyddau yn codi,
fy stumog yn glymau.

Dwi'n wahanol i'r gweddill,
ddim cweit fel unrhyw un arall,
gyda smotyn sgleiniog ar fy nhalcen.

Mae meddyliau'n mynd ac
yn dod fel cymylau ysgafn.
Ac yna …

dwi'n gweld rhywbeth arall.
Seren ddisglair.
Cannwyll llygad Mam.
Balchder Dad.
Dwi'n gweld FI.

Rhedaf fy mys o amgylch y bindi.
Ac yn sydyn
dwi'n gallu ei deimlo.
Yn union fel y dywedodd Amma.

Dwi'n anadlu'n ddwfn,
yn sythu fy ysgwyddau.
Bydd yn ddewr, dwi'n gweddïo,
gan edrych i fyny
ar y bindi ar fy nhalcen,
ac yn araf daw'r llif o eiriau
fel cawod ysgafn o law.

"Dyma fy bindi," dywedaf.
"Mae'n fwy na smotyn yn unig –
fy nhrydydd llygad yw hwn, rhwng y ddau arall.
Mae'n edrych y tu mewn i mi
ac yn fy nghadw'n ddiogel."

Dwi'n cyffwrdd â'm bindi a dwi'n gwybod nad oes ofn arna i rhagor.

Nawr, dwi'n gwisgo bindi newydd i'r ysgol bob dydd.
Mae rhai fel diferion glaw sy'n disgleirio
yng ngolau'r bore.
Mae rhai fel hanner lleuad yn pefrio.
Mae rhai yn troelli mewn cylchoedd.
Mae rhai yn tywynnu fel sêr yn yr awyr dywyll.

Fy llygad mewnol yw hwn,
fy ngwarchodwr,
fy bindi ...

Mae'n gwneud i mi deimlo fel FI,
a dwi ddim yn gallu dychmygu
fy wyneb hebddo.

NODYN GAN YR AWDUR

Mae bindi'n cael ei wisgo gan lawer o ferched a gwragedd Hindŵyn India a daw'r gair o'r Sanskrit *bindu*, sef 'diferyn'. Yn draddodiadol mae'n cael ei wisgo rhwng yr aeliau, man nerfol yn y corff sy'n rhyddhau egni. Yn ôl traddodiad hynafol yr Hindŵiaid mae'n symbol o'r trydydd llygad. Mae'r ddau lygad sydd gan y corff yn edrych allan ar y byd tra bod y trydydd llygad yn edrych ar y tu mewn. I'r Hindŵ mae'r lliw coch yn arwydd o ffyniant; felly mae'r smotyn coch yn arwydd o obaith.

Erbyn heddiw, nid yw pawb yn dilyn y traddodiad o wisgo bindi. I rai, mae wedi dod yn ategolyn ffasiwn, ond i lawer mae'n dal i fod yn symbol cryf, ac yn arfer sy'n cael ei drosglwyddo o un genhedlaeth i'r nesaf. Mae'r smotyn coch wedi cael ei ddisodli gan bob math o liwiau a siapiau. Gall fod yn hirgrwn, yn driongl, ac wedi'i addurno â gleiniau a gemau sgleiniog.

Cofiaf wyneb merch fach a gwrddais i wrth ymweld ag ysgol yn Edison, New Jersey. Roedd hi'n eistedd yn y rhes flaen yn y gwasanaeth â gwên lydan ar ei hwyneb, a bindi llachar ar ei thalcen. Cofiais amdani am amser hir wedi'r ymweliad a daeth yn ysbrydoliaeth i'r stori hon.

Dwi'n teimlo bod rhai pobl ifanc o dras Indiaidd yn America yn gyndyn i amlygu eu traddodiadau. Wrth iddyn nhw geisio ymgyrraedd â delfryd y naratif lleiafrifol, mae'r syniad o gymhathu ac ymdoddi i'w cymdeithas yn cael ei drosglwyddo iddyn nhw o oedran cynnar iawn. Ysgrifennais y stori hon er mwyn rhoi'r dewrder i bob merch fach Hindŵi ddathlu ei diwylliant a'i thraddodiadau, yn union fel y ferch fach honno yn Edison gyda'r wên lydan a'i bindi llachar.

—Gita Varadarajan

NODYN GAN YR ARLUNYDD

Tyfais i a'm chwaer i fyny'n blant Hindŵ, gan fynychu ysgol gwfaint wedi'i rhedeg gan genhadon Cristnogol, fel nifer o blant eraill yn Bangalore yn yr 1970au a'r 1980au. Hindŵiaid oedd y disgyblion eraill hefyd, gyda rhai plant o grefyddau eraill. Er hyn, pan fyddai'n tad yn ein hannog i wisgo bindi, byddai'r ddwy ohonon ni'n gwrthod bron bob tro, am nad oedden ni'n meddwl ei fod yn "cŵl". Er ein bod yn byw yn India, roedden ni'n gwrthod gwisgo bindis, *pattu paavaadais* (sgert a blows sidan draddodiadol o dde India), a sawl dilledyn traddodiadol Indiaidd arall. Roedden ni am wisgo jîns a chrysau-T, sgertiau byr ac esgidiau cul gyda sodlau oedd yn clic-clacio wrth gerdded. Dim ond wrth ddod yn dipyn hŷn – yn bell yn fy ugeiniau – y gwnes i ddod i werthfawrogi pethau traddodiadol Indiaidd. Wrth i'r blynyddoedd fynd heibio, a minnau'n dod yn fwy cyfforddus yn fy nghroen fy hun, mae'r daith o ailgysylltu â'm gwreiddiau'n parhau. Felly mae'r broses o weddnewid y mae Divya yn mynd drwyddi yn y stori hon yn broses barhaus i mi hefyd, wrth i mi dynnu un haenen ar ôl y llall o'r hyn sy'n fy ngwneud i yn fi!

—Archana Sreenivasan